Canguros

Julie Murray

Abdo

¡ME GUSTAN LOS ANIMALES!

Kids

abdopublishing.com

Published by Abdo Kids, a division of ABDO, PO Box 398166, Minneapolis, Minnesota 55439.
Copyright © 2018 by Abdo Consulting Group, Inc. International copyrights reserved in all countries.
No part of this book may be reproduced in any form without written permission from the publisher.

Printed in the United States of America, North Mankato, Minnesota.

052017

092017

 THIS BOOK CONTAINS
RECYCLED MATERIALS

Spanish Translator: Maria Puchol

Photo Credits: iStock, Shutterstock

Production Contributors: Teddy Borth, Jennie Forsberg, Grace Hansen

Design Contributors: Christina Doffing, Candice Keimig, Dorothy Toth

Publisher's Cataloging-in-Publication Data

Names: Murray, Julie, author.

Title: Canguros / by Julie Murray.

Other titles: Kangaroos. Spanish

Description: Minneapolis, MN : Abdo Kids, 2018. | Series: ¡Me gustan los
    animales! | Includes bibliographical references and index.

Identifiers: LCCN 2016963034 | ISBN 9781532101816 (lib. bdg.) |
    ISBN 9781532102615 (ebook)

Subjects: LCSH: Kangaroos--Juvenile literature. | Spanish language materials--
    Juvenile literature.

Classification: DDC 599.2--dc23

LC record available at http://lccn.loc.gov/2016963034

Contenido

Los canguros

Los canguros viven en **Australia**.

Saltan a dos patas.

Sus patas traseras son largas.

Las patas delanteras son cortas.

Los canguros tienen los pies grandes. Pueden saltar rápido.

Tienen una cola larga que les ayuda a **mantener el equilibrio**.

Los ojos de los canguros son grandes y tienen buen sentido del oído.

Los canguros tienen pelo en el cuerpo. Puede ser de color café, gris o rojo.

café

gris

rojo

15

Los canguros comen plantas y hierba.

A un canguro recién nacido se le llama cría. Las crías de canguro crecen dentro de la bolsa de su madre. La madre las mantiene a salvo.

¿Has visto un canguro
alguna vez?

Algunas especies de canguros

canguro antílope

canguro gris oriental

canguro gris occidental

canguro rojo

Glosario

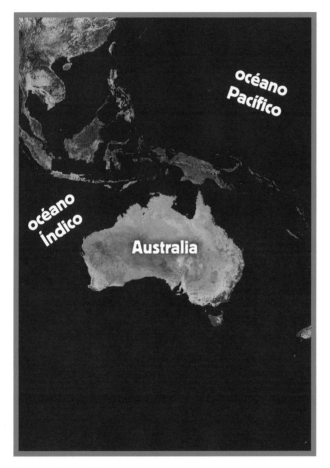

Australia
continente situado entre el océano
Pacífico y el océano Índico.

mantener el equilibrio
balancear el peso para poder
mantenerse parado.

Índice

abdokids.com

¡Usa este código para entrar en abdokids.com y tener acceso a juegos, arte, videos y mucho más!

Código Abdo Kids:
IKK9053